LA
NOUVELLE MACHINE
DE MARLY

PAR

M. Charles FRIÈS.

(Extrait du Moniteur universel.)

PARIS,

IMPRIMERIE DE MADAME VEUVE BOUCHARD-HUZARD,

RUE DE L'ÉPERON, 5.

1860

*à mon bon frère Jules
Desfrayes par Monsieur
Steele*

Bougival le 8 Juillet 1868

[signature]

LA

NOUVELLE MACHINE DE MARLY.

LA
NOUVELLE MACHINE
DE MARLY

PAR

M. Charles FRIÈS.

(Extrait du Moniteur universel.)

PARIS,

IMPRIMERIE DE MADAME VEUVE BOUCHARD-HUZARD,

RUE DE L'ÉPERON, 5.

1860

Droits de reproduction et de traduction réservés.

LA

NOUVELLE MACHINE

DE MARLY.

Lorsque Le Nôtre traçait, en 1664, les jardins de Marly, on se préoccupa vivement des moyens propres à y faire monter l'eau en assez grande abondance pour réaliser tous les effets que l'illustre architecte avait imaginés en vue d'embellir ce délicieux séjour. Cette idée ne fut pas plutôt rendue publique, que tout ce qu'il y avait d'hommes spéciaux en France et à l'étranger s'empressèrent de présenter des projets. Déjà, quelques années auparavant, si nous en croyons un mémoire présenté en 1784 à l'Académie des sciences, par M. Gondouin, pour l'amélioration générale de la machine de Marly (1), un appareil hydraulique avait été construit sur la Seine, au-dessous de Saint-Germain, au lieu dit *le moulin de Pulfour* pour fournir de l'eau aux bassins du château qu'habitait alors la reine Anne d'Angleterre. L'auteur de cet appareil était un gentilhomme liégeois, nommé de Ville, le même qui conçut plus tard le plan de la machine de Marly, et en proposa le projet, qui fut accepté. De Ville vint en France, accompagné de Sualem Rennequin, son compatriote, homme très-intelligent et ouvrier de génie; et bientôt tous deux

---

(1) Ce mémoire obtint le premier prix fondé par l'Académie pour la solution de cette question.

se mirent à l'œuvre pour édifier cette immense machine, qui passa, pendant toute la durée de son existence, pour une des créations des plus merveilleuses du règne de Louis XIV.

Cependant Versailles, qui n'était qu'un village sans importance, lorsque Louis XIII y fit bâtir le petit château, prenait un accroissement rapide. Louis XIV paraissait affectionner de plus en plus cette résidence, où il ne tarda pas à commencer les constructions et les embellissements qui devaient en faire un des plus beaux palais du monde. Mais une chose essentielle manquait à la cité naissante : c'était l'eau, que ne pouvaient fournir assez abondamment les sources des environs, sujettes à tarir dans les temps de sécheresse. Sous l'impulsion du monarque, impatient de répandre à profusion les ondes dans le parc de Versailles, on vit éclore une foule de projets plus ou moins réalisables, parmi lesquels il est juste de mentionner celui de Riquet. Ce projet, digne, par sa hardiesse, de l'auteur célèbre du canal du Midi, n'allait, à rien moins, qu'à faire venir, à Versailles, les eaux de la Loire. Après des études approfondies, faites conjointement par Riquet et l'abbé Picard, connu par son *Traité de la mesure de la terre*, et qui inventa, à cette occasion, le niveau à bulle d'air et à lunettes, on reconnut que la pente entre la Loire, au point qu'on avait choisi, et Versailles, n'était pas suffisante pour que les eaux pussent franchir un aussi long trajet. On renonça donc au projet, qui fut repris plus tard avec des modifications, mais sans plus de succès, par l'abbé Picard. On étudia aussi une dérivation de la Juine, mais il fallut également y renoncer, parce que son niveau était trop bas.

Un autre projet gigantesque pour doter Versailles d'eaux vives fut celui de Vauban et de Lahire, qui entreprirent d'y amener les eaux de l'Eure. « Plus de 30,000 hommes, dit M. Leroy, dans son livre *Des Eaux de Versailles*, furent employés à ces travaux ; un tiers environ était composé de maçons et d'autres ouvriers ; le reste, qui travaillait aux terrassements et à l'exploitation des carrières de Gaillardon et d'Épernon, appartenait aux divers régiments réunis en ce lieu pour achever cette vaste entreprise. Ces régiments étaient : Picardie, Champagne, Royal-des-Vaisseaux, Languedoc, Navarre, Feuquières, Crussol, Lafare, Fusiliers du roi, Alsace, Vaubecourt, Lyonnais, Dauphin, la Reine, Anjou, Vermandois, et, de plus, trois escadrons de dragons. Toutes ces troupes étaient réunies dans un camp commandé par le marquis d'Uxelles. »

On creusa, sur 40,000 mètres environ, un canal de 5 mètres de largeur sur plafond, et 3 mètres de profondeur, depuis Pontgouin jusqu'à Bergères-le-Mangot, où la vallée de l'Eure devait être franchie sur un immense aqueduc de 5,920 mètres de longueur, composé de deux cent quarante-deux arcades de $13^{m},53$ d'ouverture, tantôt simples, tantôt doubles et triples, et dont les plus élevées auraient eu 68 mètres de hauteur. L'eau de l'Eure, après avoir traversé la vallée de Maintenon, serait arrivée à Versailles en suivant toujours des canaux à ciel ouvert creusés dans le sol, et en traversant, dans son parcours, plusieurs étangs établis dans les parties déprimées du terrain, sur la direction de ces travaux.

La ligue d'Augsbourg, qui fut signée à Venise, en 1687, obligea le roi à mettre toutes ses troupes en campagne l'année suivante. Cette cause, jointe à l'épuisement des finances, fit abandonner les travaux de la rivière d'Eure qui avaient absorbé 8,612,995 livres. L'énormité de ce chiffre comparé à l'époque, et les restes du pont-aqueduc de la vallée de Maintenon, qui subsistent encore, peuvent donner une idée de la grandeur du projet, qui avait été chanté sur différents modes par les poëtes du temps. Témoin, entre autres morceaux plus ou moins réussis, le sonnet suivant du P. Tessier, inséré dans le *Mercure galant* du mois de mai 1688 :

AU ROI.

Roi le plus grand des rois , votre fameux ouvrage
Se doit faire admirer à la postérité,
Et maintenant prévoit que l'immortalité
Fera de son canal le superbe avantage.
Trente mille soldats redoublent leur courage,
Et suivent les projets de Votre Majesté.
La nature avec l'art conspire à la beauté
D'un chef-d'œuvre où les dieux semblent lui rendre hommage.
Neptune offre ses eaux, Minerve ses soldats ;
On abaisse les monts , on comble les lieux bas,
Et Mars, en cet emploi , vient seconder Bellone.
Ponts, écluses, bassins , arcades et canaux,
Et vos faits triomphants que la valeur couronne ,
Surpassent des Césars la gloire et les travaux.

Nous citerons aussi, à propos des travaux de la vallée de Maintenon dont tous les esprits se préoccupaient, une lettre écrite par Racine à Boileau, le 4 août 1687 :

« J'ai fait, y est-il dit, le voyage de Maintenon, et je suis fort content des ouvrages que j'y ai vus : ils sont prodigieux et dignes en vérité de la magnificence du roi. Il y en a encore, dit-on, pour deux ans. Les arcades qui doivent joindre les deux montagnes vis-à-vis Maintenon sont presque faites ; il y en a quarante-huit : elles sont établies pour l'éternité. Je voudrais qu'on eût autant d'eau à faire passer dessus qu'elles sont capables d'en porter. Il y a là plus de 30,000 hommes qui travaillent, tous gens bien faits , et qui, si la guerre recommence, remueront plus volontiers la terre devant quelque place sur la frontière que dans les plaines de la Beauce... »

Dans un recueil d'édits relatifs aux desséchements des

marais et aux canaux navigables, publié en 1735 (1), on trouve les lettres patentes, datées de 1704, enregistrées au parlement, par lesquelles Louis XIV abandonne le projet de conduire à Versailles la rivière d'Eure, autorise Mme de Maintenon à faire construire un canal navigable et flottable depuis Chartres jusqu'à Bonneval, sur la Loire, pour faire communiquer cette rivière à l'Eure; et à cause de ce canal qui n'a pas été fait, et en forme d'indemnité, lui abandonne la propriété du fonds des terres qui ont servi à la levée de terre des travaux de Maintenon, et en outre les travaux de Gallardon et d'Epernon.

Il est bon de faire observer que ces lettres patentes ne donnent rien des travaux construits, et qu'elles n'abandonnent à Mme de Maintenon que les objets devenus inutiles, même dans le cas où on eût voulu reprendre les travaux de Maintenon, d'où l'on peut conclure que le malheur des temps a seul pu faire renoncer à cette grande entreprise, digne du siècle de Louis XIV.

Après la mort de ce prince, Louis XV étant allé demeurer à Paris, on oublia tellement la possibilité de terminer cet ouvrage, qu'on donna, croyons-nous, à Adrien-Maurice de Noailles, qui avait épousé Melle d'Aubigné, non-seulement la propriété de l'aqueduc, mais encore celle des canaux, terrains et matériaux relatifs aux travaux de la rivière d'Eure, et situés dans l'étendue de la seigneurie de Maintenon qu'il possédait du chef de sa femme, héritière de Mme de Maintenon, sa tante.

Mais les projets de dérivation de la Loire et de l'Eure ne firent pas négliger les autres moyens d'amener dans

---

(1) Voir dans l'ouvrage de M. J. A. Leroy, sur les eaux de Versailles, le rapport adressé à M. d'Angevilliers, directeur général des bâtiments du roi, par MM. Heurtier et Colomb.

Versailles l'eau nécessaire aux besoins du palais ainsi qu'à ceux des habitants. En 1680, l'architecte Gobert avait été chargé par Colbert de recueillir les eaux de sources qui existaient dans les plaines de Bailly, Chevreloup, Voluceau, Roquancourt, le Chenay et Glatigny, et de les diriger sur Versailles. Malheureusement on ne tarda pas à reconnaître leur insuffisance qui augmenta en raison de l'accroissement de la population. On estimait alors qu'il n'en aurait pas fallu moins de 900 pouces fonteniers (18,000 mètres cubes), tant pour satisfaire à la consommation journalière que pour mettre en jeu tous les effets d'eau réalisés ou projetés.

Déjà, en 1675, l'abbé Picard et Bomer avaient entrepris, d'après les ordres de Louis XIV, des nivellements, ayant pour objet de détourner de leur cours naturel les eaux des pluies et des fontes de neige, qui se déversaient dans les vallées de la Bièvre, de l'Yvette et de la Vesgre. Ainsi fut établi le système des *eaux blanches*, qui recueille les eaux du plateau, compris entre Saint-Cyr et Rambouillet, sur une surface d'environ 15,000 hectares. Les expériences faites avec beaucoup de soin firent espérer que l'eau qui tombait sur cette surface, et qui fut, année moyenne, estimée à $0^m,50$, produirait environ 75,000,000 de mètres cubes, ce qui aurait permis facilement de remplir les étangs qui, à leur limite extrême, ne peuvent contenir que 7,971,726 mètres cubes.

Les eaux blanches sont détournées de leur écoulement naturel vers les rivières de Vesgre, d'Yvette et de la Bièvre, par un vaste réseau de rigoles et d'aqueducs qui contournent les crêtes des vallées et sillonnent les plaines situées à l'ouest et au sud de Versailles. Elles se dirigent ainsi par des pentes plus ou moins rapides vers de grands étangs, pratiqués dans les parties hautes des vallées, au moyen de digues, ou levées en terre, revêtues de maçonnerie. Le développement de ces rigoles et aqueducs ne comporte pas moins de 157,652 mètres, sur une largeur moyenne de 20^m,68 ; il y a de plus un nombre considérable de petites rigoles qui servent à la fois d'affluents aux rigoles principales, et tout particulièrement à l'assainissement des terres. La contenance totale, en surface, de tout ce qui compose le système des eaux blanches, calculée dans la limite des bornes qui déterminent son périmètre, est de 1,243 hectares et quelques fractions.

La majeure partie des eaux recueillies de cette manière se rend dans l'étang de Trappes, d'où on la deverse dans la branche inférieure des étangs de Saclé et Trou-Salé, pour la faire aboutir sur le point culminant de Versailles, à la butte de Gobert, où se trouve un bassin de distribution.

Pendant toute la durée du règne de Louis XIV, les eaux blanches amenées à Versailles ne varièrent que peu ou point de leur destination première, c'est-à-dire qu'elles furent affectées aux effets d'eaux du parc qui jouaient partiellement tous les jours (ce qu'on appelait l'ordinaire ou les *petites eaux*), et dans leur ensemble les dimanches et les jours de fête (ce qu'on appelait l'extraordinaire ou les *grandes eaux*).

Il nous reste maintenant, afin de compléter ce coup d'œil sur les différents systèmes imaginés pour fournir de l'eau à Versailles, à parler de l'ancienne machine de Marly.

Ce fut en juin 1681 que commencèrent les travaux de cette machine, établie dans l'origine, ainsi que nous l'avons dit, pour les besoins de la résidence de ce nom, et que l'on songea à utiliser quelques années plus tard pour fournir de l'eau à Versailles. On n'estime pas à moins de

4,000,000 de francs la somme que coûta l'établissement du corps de la machine, par suite des difficultés qu'on rencontra dans l'exécution et des changements nombreux qu'on dut faire subir à l'appareil avant d'atteindre le but qu'on se proposait.

Ici se présente naturellement une question, celle de savoir quel a été réellement l'inventeur de cette machine. Est-ce le baron de Ville, qui en proposa le projet, ou faut-il en attribuer le mérite à Rennequin Sualem, habile charpentier liégeois, que de Ville avait amené avec lui en France? Les avis sont fort partagés sur ce point : plusieurs auteurs n'hésitent pas à trancher la question en faveur de Rennequin, et refusent au baron de Ville toute participation à ce gigantesque travail, chef-d'œuvre de l'enfance de l'art hydraulique. Cependant, sur une magnifique carte représentant l'ancienne machine de Marly, dressée par ordre du roi Louis XIV en 1688, et que nous avons vue dans les bureaux de M. Dufrayer, ingénieur de la machine actuelle, on lit :

« Cette machine sert à embellir les maisons royales de Versailles, de Trianon, de Marly, et peut servir à Saint-Germain-en-Laye. Elle a été construite par ordre du Roi, sur les projets et par la direction de M. le baron de Ville. »

De plus, il existe dans les archives de Versailles des pièces qui établissent, à n'en pouvoir douter, que, l'œuvre achevée, de Ville reçut une gratification de 100,000 livres et une pension de 6,000 livres. Nommé gouverneur de la machine avec des émoluments assez élevés pour le temps, il vint alors habiter le pavillon de Louveciennes, qui fut affecté à sa résidence. Quant à Rennequin, il resta toujours conducteur des travaux et piqueur des ouvriers avec 1,800 fr. de traitement. Après cela, on en conviendra, il est difficile d'admettre que de Ville n'ait pas été, sinon le seul, du moins le principal auteur de la machine.

Les arguments, il faut le reconnaître, ne manquent pas à ceux qui font remonter à Rennequin l'honneur de l'invention. Le plus puissant, le seul dont nous parlerons, consiste dans l'épitaphe placée sur la tombe de Rennequin, qui fut enterré dans l'église de Bougival. Cette église ayant été dévastée pendant la révolution, le marbre tumulaire de Rennequin passa dans les mains d'un cabaretier du lieu, qui eut l'idée de s'en servir pour achalander son enseigne des *Bonnes Matelotes*. Moyennant une faible rétribution, on était admis à voir l'épitaphe, et, certes, pas un curieux venu à Bougival pour visiter la machine n'eût voulu se refuser cette satisfaction. Mais une fois l'ancienne machine détruite, le marbre perdit beaucoup de son intérêt ; la rétribution tomba de soi, et tous les consommateurs furent admis indistinctement à contempler l'épitaphe, sur laquelle maints buveurs ne se firent pas faute de charbonner leurs noms. Hâtons-nous de dire que cette espèce de profanation a cessé. L'administration est rentrée en possession de la pierre tumulaire de Rennequin, qui figure aujourd'hui à Bougival, à côté du modèle de la machine. Or l'épitaphe qu'elle porte est celle-ci, que nous avons transcrite avec l'orthographe du temps :

D. O. M.

« Cy gissent honorables personnes, sieur Rennequin Sualem, seul inventeur de la machine de Marly, décédé le 29 juillet 1708, âgé de soixante-quatre ans, et dame Marie Nouelle, son épouse, décédée le 4 may 1714, âgée de quatre-vingt-quatre ans, laquelle, pour satisfaire à la dernière volonté dudit deffunt sieur Rennequin, son mary, a fondé à perpétuité, en cette église de Bougival, une messe basse tous les premiers lundys de chaque mois de l'année, un service complet le 29 juillet de chaque année, jour du deceds dudit deffunt, et vingt *liberas* pour estre dits sur leurs sépultures, sçavoir : les quatre grandes festes de l'année, les quatre principales festes de la sainte Vierge, et les douze autres tous les premiers dimanches de chaque mois de l'année, à l'issue des vespres, à quoy les sieurs curé et marguilliers de l'œuvre et fabrique de ladite paroisse se sont obligés faire dire et célébrer, mesme fournir les pain, vin, luminaire et ornemens nécessaires, et ce moyennant certaine sôme que ladite dame leur a payée, ainssy qu'il est plus au long porté par le contrat passé devant Dupuis et Gervais, notaires au Châtelet de Paris, le 12 août 1710.

« Priez Dieu pour leurs âmes. »

A vrai dire, cette inscription ne prouve pas grand'-chose, car à aucune époque, croyons-nous, les épitaphes n'ont été paroles d'Évangile ; et, d'ailleurs, celle-ci fut composée trente-deux ans après la construction de la machine, sans doute par des parents ou des amis qui crurent honorer la mémoire de Rennequin en le qualifiant de *seul inventeur de la machine de Marly*. Suivant nous, la part de celui-ci est encore assez belle ; si le baron de Ville, homme instruit, ingénieur distingué, fut l'inventeur d'un grand projet, et cela nous paraît suffisamment établi, il rencontra dans Rennequin un coopérateur habile, de génie même, rompu à toutes les difficultés de la pratique et sans lequel la machine de Marly n'eût peut-être jamais été achevée. Pour nous résumer et pour clore ce petit plaidoyer historique, nous dirons que le nom de de Ville, aussi bien que celui de Rennequin, est intimement lié à la création de la machine de Marly.

Cette machine était située entre Bougival et Port-Marly, à 1,000 toises environ, avant la réunion des deux bras de la Seine. Pour l'édifier, on s'occupa d'abord de la formation d'une chute d'eau sur la Seine. Toute la longueur du fleuve, depuis Port-Marly jusqu'à Bezons, était, avant le XVIIe siècle, presque entièrement divisée en deux bras par une suite d'îlots qui furent réunis pour en former une seule digue longitudinale de 10,150 mètres, et pour avoir, sur toute cette étendue, une grande partie des eaux de la Seine exclusivement employée au mouvement de la machine. Par cette opération, on ne laissa du côté de la rive droite qu'un canal difficilement praticable à la navigation. Au-dessous de la chute étaient établies quatorze roues hydrauliques d'environ 12 mètres de diamètre chacune, mues par le fluide qui se précipitait du haut de cette chute. Ce système de roues mettait en jeu soixante-quatre pompes prenant immédiatement l'eau du fleuve et la refoulant à un puisard placé sur le penchant de la montagne. L'eau élevée à ce premier puisard y était reprise par soixante-dix-neuf pompes et refoulée une seconde fois jusqu'à un second puisard supérieur au premier. Là soixante-dix-huit autres pompes achevaient d'opérer l'ascension de l'eau jusqu'au haut de la tour, dont la plate-forme supérieure est élevée, au-dessus des eaux moyennes de la Seine, de 154 mètres 7/10, et qui se trouve placée à 1,236 mètres de distance horizontale de la machine en rivière, ou du premier mobile. On voit, par ce qui précède, que le produit de la machine était le résultat du travail de deux cent vingt et une pompes placées tant dans le lit du fleuve que dans les deux puisards établis sur le penchant de la montagne (sans parler des pompes auxiliaires qui n'avaient pour objet que le jeu du mécanisme).

La complication apparente de cette machine, son aspect gigantesque qui fit principalement sa réputation, tenaient à ce que les deux systèmes de pompes qui reprenaient à mi-côte l'eau refoulée immédiatement de la Seine ne pouvaient avoir de mouvement qu'en vertu de la force motrice transmise du point inférieur du système général et émanant des eaux mêmes du fleuve. En conséquence, les roues hydrauliques tournant par l'impulsion de l'eau de ce fleuve avaient deux fonctions : l'une était de faire mouvoir le système de soixante-quatre pompes fournissant l'eau reprise successivement par les deux systèmes supérieurs ; l'autre, de mettre en jeu les longues suites de pièces de communication de mouvement au moyen desquelles les pompes des deux systèmes supérieurs pouvaient faire leur service. Ainsi les pompes du puisard le plus élevé agissaient en vertu d'une impulsion donnée à des distances de ce puisard, l'une verticale de 100 mètres trois quarts ; l'autre, horizontale, de 671 mètres. Cette transmission du mouvement s'opérait à l'aide de plusieurs couples de chaînes de fer partant du fleuve et aboutissant aux points où le mouvement devait être transmis. Chaque couple avait ses deux chaînes dans un même plan vertical, attachées, d'espace en espace, aux extrémités des balanciers, dont les axes de rotation, placés à mi-distance entre les deux chaînes, étaient posés sur des cours de lisses établis sur des chevalets. Des manivelles en fer, fixées aux extrémités des axes des roues hydrauliques, agissaient sur les chaînes, dans le sens de leur longueur, par l'intermédiaire de pièces de traction et de rotation désignées par les noms de *bielles* et *varlets*. Au résumé, lorsque la chaîne supérieure d'une couple était tirée et se mouvait dans le sens de la descente de la montagne, l'inférieure agissait dans le sens de la montée, et réciproquement. Ces allées et venues oscillatoires, qui se répétaient plusieurs fois par minute, produisaient des oscillations correspondantes dans les pièces du mécanisme auxquelles les points supérieurs des chaînes étaient attachés, et par suite l'ascension et la descente des pistons des pompes de reprise des puisards.

Ces détails sommaires peuvent donner une idée de l'énorme quantité de bois et de fer dont la montagne se trouvait couverte sur une longueur d'environ 700 mètres. Les mouvements bruyants de toutes ces masses, dont on ne pouvait de prime abord saisir la correspondance avec le premier mobile, excitaient l'étonnement et l'admiration des hommes étrangers à la science des machines, et cependant le mécanisme, examiné dans ses détails, ne présentait au fond que des procédés assez simples. Il n'y eut guère que le maréchal de Vauban qui, en voyant cet ouvrage, se rendit compte de la plupart des effets.

« Il était naturel, dit M. de Prony (1), d'après la grandeur du système mécanique qu'offrait la montagne de Marly, de supposer qu'une immense quantité d'eau franchissait le sommet de cette montagne. Malheureusement les curieux qui avaient le courage de monter au haut de la tour se trouvaient désenchantés à l'aspect du mince filet d'eau qui arrivait à l'aqueduc. Or il paraît que le produit effectif moyen de l'ancienne machine n'excédait pas la sixième partie du produit possible. » Ajoutons qu'il résultait du jeu de toutes ces pièces un bruit assourdissant, infernal, tel que toutes les propriétés environnantes étaient devenues inhabitables et avaient subi une dépréciation considérable.

Les eaux élevées à l'aide des moyens que nous venons d'indiquer se rendaient par l'aqueduc de Marly, soit au château de ce nom, soit à Versailles, en passant dans les réservoirs des Deux-Portes.

L'aqueduc de Marly, qui se dessine sur la hauteur d'une manière si pittoresque, est construit en meulières et en pierres de taille. Il a 643 mètres de longueur et est percé de trente-six arcades à plein cintre dont les pre-

____

(1) *Biographie universelle*, article RENNEQUIN.

mières ont plus de 24 mètres de hauteur sous clef. A l'o-
rigine est une tour sur laquelle les eaux sont reçues dans
une cuvette qui leur sert de jauge, pour se rendre, après
avoir franchi l'aqueduc, sur une autre tour qui le termine,
et d'où elles sont distribuées suivant leur destination.

Pour faire arriver les eaux à Versailles, on les faisait
originairement couler dans une conduite établie à cet
effet ; mais plus tard on les dériva dans un aqueduc de
6,200 mètres de longueur, qui sert encore aujourd'hui à
porter dans les réservoirs de la butte de Picardie les eaux
des machines actuelles. Mais, comme ce réservoir était
d'une trop faible capacité et trop éloigné pour en faire partir
la conduite à eau forcée, on chercha, à une moindre distance du château, un emplacement plus favorable pour
approvisionner les eaux. On choisit pour cela la butte de
Montbauron, dont on nivela le sommet, et sur laquelle on
disposa deux vastes réservoirs de forme rectangulaire, con-
tenant chacun 59,200 mètres cubes d'eau. Pour franchir
le pli de terrain qui séparait la butte de Montbauron de la
butte de Picardie où arrivait l'aqueduc, on construisit de
l'une à l'autre un pont-aqueduc de 1,056 mètres de longueur et 50 mètres de hauteur, au sommet duquel on disposa une rigole pour l'écoulement des eaux. Ce pont-
aqueduc, détruit en 1767, est remplacé par une conduite
de $0^m,21$ de diamètre placée sous l'avenue de Picardie.

Nous ne terminerons point ce qui a rapport à l'ancienne
machine de Marly sans rapporter une croyance populaire
qui eut longtemps cours ; elle n'allait à rien moins qu'à
imputer au roi Louis XIV un crime odieux : celui d'avoir
fait crever les yeux à l'inventeur de cette machine, de peur
qu'il n'allât enrichir quelque pays voisin d'un semblable
monument. Une aussi monstrueuse absurdité ne se discute
pas ; la signaler, c'est en faire justice.

On a pu voir, par ce qui précède, que l'histoire de la machine de Marly fut à peu près celle de *la Montagne qui accouche d'une souris*. En effet, malgré les sommes énor-mes qu'elle avait coûtées, malgré la puissance dont elle disposait, cette machine ne put jamais fournir à Versailles qu'un volume d'eau assez restreint. Bientôt ce volume di-minua sensiblement par l'effet des frottements et de l'u-sure d'un si grand nombre de pièces mobiles, et il se ré-duisit à 60 pouces fonteniers ou 1,130 mètres cubes d'eau en vingt-quatre heures, après avoir été, à l'origine, de 250 pouces.

Pendant plus d'un siècle, il ne fut rien ajouté à ce que Louis XIV avait fait pour Versailles durant les longues années de son règne ; et lorsque Napoléon Ier voulut rele-ver cette ville de ses ruines, il trouva son système hydrau-lique dans la situation la plus déplorable ; en 1803 la ma-chine de Marly n'élevait plus que 12 pouces d'eau, tandis qu'en 1789 elle en élevait encore 32. Aussi s'occupa-t-on sans retard des moyens de remédier à un pareil état de choses. Une commission, nommée à cet effet, conclut à la destruction de l'ancienne machine et à l'établissement de pompes disposées de manière à élever, d'un seul jet, 600 pouces d'eau de la Seine à une hauteur de 83 mètres, et à employer une partie de cette eau à mettre en mou-vement une roue qui porterait 50 pouces d'eau jusque dans la cuvette de l'aqueduc de Marly. L'exécution de ce projet fut d'abord retardée, puis abandonnée en défini-tive, par suite du succès d'une expérience qui démontra la possibilité de résoudre le problème d'une façon beaucoup plus satisfaisante.

Un entrepreneur de charpentes, nommé Brunet, se fit fort de faire monter les eaux d'un seul jet au sommet de la tour de Marly, ce que l'on n'avait jamais osé tenter jusqu'alors, de crainte que les tuyaux ne se rompissent sous l'effort. Il appuya son projet de considérations qui inspirèrent assez de confiance au ministre de l'intérieur pour qu'il en prescrivît l'exécution. En conséquence, la quatorzième roue, la plus éloignée des vannes et de la berge, et, par ce motif, la plus défavorablement située, fut mise à la disposition de M. Brunet. Il monta sur son arbre deux manivelles, au moyen desquelles il mit en mouvement quatre pompes aspirantes et foulantes, dont le produit passait dans un réservoir d'air, afin d'obtenir un mouvement régulier d'ascension dans la conduite. Dix-neuf robinets, également espacés sur cette conduite, donnaient issue à l'air, et permettaient, en outre, de constater l'arrivée de l'eau à l'orifice de chacun d'eux.

La machine, ainsi disposée, fut mise en marche le 24 septembre 1804, et l'on put voir les eaux portées d'un seul jet dans la cuvette, où il fut constaté qu'il arrivait une quantité d'eau double environ de celle fournie par l'ancienne machine.

On comprend sans peine quels avantages ce nouveau système présentait sur l'ancien, puisque l'on avait, en bénéfice, toute la force employée précédemment par les frottements qui étaient considérables, et que l'entretien devait diminuer sensiblement par la simplicité du nouveau mécanisme, qui consistait dans une roue de 12 mètres environ de diamètre, y compris les palettes recevant leur force de la chute de l'eau.

Cependant il était dans la destinée de l'ancienne machine de Marly de faire parler d'elle. On s'intéressait dans le public à ce monument d'un autre âge, et le projet de la détruire émut vivement certains esprits. Il donna même naissance à un opuscule imprimé en 1806, et dans lequel l'auteur trop sensible représentait la machine sous les traits touchants d'*une très-respectable dame âgée de cent vingt-trois ans, filleule d'un magnifique Prince et fille d'un homme de génie, condamnée à souffrir la Passion en l'an du monde 5804.* Cet opuscule, dont nous avons eu un exemplaire entre les mains, est, à ce qu'il paraît, une véritable rareté bibliographique.

En 1807, on s'occupa de l'exécution d'un projet présenté par MM. Perrier en vue d'élever toutes les eaux au moyen de deux machines à vapeur : l'une, à double effet, prenant les eaux dans la Seine pour les amener dans un bassin construit à 48 mètres au-dessus de la rivière ; l'autre, à simple effet placée dans la tour de Marly, au-dessus d'un puits communiquant par une galerie horizontale avec le bassin alimenté par la première machine. Après un commencement d'exécution, les travaux furent abandonnés, et l'on arrêta définitivement le projet de la machine à vapeur qui a fonctionné jusque dans ces derniers temps.

Mais en attendant sa construction, comme l'ancienne machine s'était de plus en plus détraquée, on adapta à deux des anciennes roues des pompes disposées d'après un système analogue à celui de M. Brunet. Ce nouveau système fut mis en marche le 25 août 1817, et il suffisait à peu près à assurer le service lorsque les eaux de la Seine se trouvaient à un niveau favorable à la marche des roues. Il fonctionnait alternativement avec la machine à vapeur de MM. Cécile et Martin, qui fut terminée en 1826.

La Seine présente au barrage de Marly une chute dont la hauteur varie avec le niveau général des eaux de la rivière. Pendant les très-grandes crues, qui n'existent du reste que durant une très-faible partie de l'année, la chute est nulle, parce que le niveau général des eaux dépasse le barrage. Pendant les très-basses eaux, la hauteur de la chute atteint 2^m,50 à 5 mètres. On peut admettre que la chute moyenne de l'année est de $2^m,50$. Cette chute, rapportée au volume moyen des eaux qui s'écoulent, représente une force motrice qui s'élève à 1,200 chevaux.

Depuis longtemps on n'utilisait qu'une minime partie de cette force pour faire marcher les deux vieilles roues à palettes dont nous avons parlé, derniers vestiges de l'ancienne machine. Ces roues étaient insuffisantes pour assurer le service des eaux potables de Versailles : elles fournissaient 60 pouces d'eau par jour quand elles marchaient dans les conditions les plus favorables ; mais leur rendement moyen annuel était beaucoup moins considérable. En outre, elles chômaient deux mois de l'année, pendant les grandes eaux.

Nous avons dit qu'une machine à vapeur fut établie en 1826 dans le but de suppléer à l'insuffisance des deux roues ; elle élevait 90 pouces d'eau environ par jour de marche. Mais, comme elle occasionnait une dépense importante de combustible, on ne la faisait marcher que pendant le chômage des roues et lorsque Versailles manquait d'eau. En somme, elle fonctionnait cent treize jours de l'année. Il est juste d'ajouter que la machine à vapeur de Marly a été construite à une époque où nos connaissances sur les machines à feu étaient encore fort incomplètes. Elle a coûté très-cher de construction, et elle dépensait beaucoup plus de charbon qu'une machine moderne de même force.

D'ailleurs, une machine à vapeur, travaillant à grands frais à côté d'une force hydraulique vingt fois plus considérable qui se dissipait en pure perte, était un contre-sens, qu'une administration éclairée devait se hâter de faire disparaître. Et puis le service de la navigation de la Seine ne pouvait plus faire obstacle à l'utilisation complète de la force hydraulique créée par Louis XIV ;

car l'établissement, en 1838, à Bezons, du barrage mobile de M. Poirée, alors ingénieur en chef des ponts et chaussées, ainsi que le rétablissement des digues de Carrières, Chatou et Croissy, et la création d'une écluse établissant une communication entre les deux bras de rivière au-dessus de la machine, avaient ouvert définitivement le bras naturel du fleuve à la navigation, délivrée ainsi de toutes les difficultés et des frais du parcours sur le bras neuf.

Dès 1852, S. Exc. le ministre d'Etat, justement préoccupé des besoins de la ville de Versailles, s'entourait de toutes les lumières de la science, faisait rechercher activement les moyens les plus propres à améliorer et à assurer largement le service des eaux de cette ville. Nous allons décrire maintenant le projet auquel on s'est arrêté après des études approfondies, et dont l'exécution a réalisé le plus puissant appareil hydraulique qui soit en Europe.

Nous avons parlé, au début de ce travail, du vaste système d'étangs et de rigoles, dit des *eaux blanches*, créé sous Louis XIV aux alentours de Versailles, dans le but de fournir à cette ville une partie des eaux nécessaires à son alimentation. Indépendamment de ces étangs, au nombre de huit, et dont le plus considérable est celui de Trappes qui occupe 216 hectares, il en existait encore deux autres, qui furent desséchés dans l'intérêt de la salubrité de Saint-Cyr.

Lors des études dictées par une auguste volonté, et entreprises, dès 1852, sous la haute direction de S. Exc. le ministre d'État, dans le but de rechercher les moyens d'assurer de la manière la plus large et la plus complète le service des eaux de Versailles, au point de vue des besoins présents et même des besoins futurs de cette ville, on s'occupa, en premier lieu, de savoir si l'on conserverait en même temps les eaux blanches et les machines de Marly, ou si l'on donnerait la préférence à l'un des modes d'alimentation en renonçant à l'autre. On reconnut de suite que l'on ne pouvait songer à supprimer les eaux de Seine : d'abord parce que, dans les années très-sèches, les eaux blanches ne reçoivent qu'un volume de 1,524,785 mètres cubes, lorsque la dépense actuelle est au moins de 2,182,460 mètres cubes ; et surtout parce que ces eaux se corrompent pendant les chaleurs, et pourraient être préjudiciables à la santé des habitants de Versailles, s'ils n'avaient d'autre boisson. Cette altération de l'eau des étangs et de celui de Saclay en particulier tient à ce que, sous l'influence des rayons solaires, cette eau, peu profonde, s'échauffe et donne naissance à une végétation très-active de plantes aquatiques qui, par leurs débris, nourrissent des myriades d'insectes dont les générations rapides meurent et se décomposent dans le cours d'une saison.

Déjà, antérieurement à 1852, on avait examiné soigneusement si le système des eaux blanches devait être conservé, et si les eaux de la Seine, élevées en quantité suffisante, ne pouvaient fournir les moyens d'y renoncer et de rendre à l'agriculture les terrains consacrés à ce service. Cette proposition, souvent mise en avant, avait été mûrement pesée par une commission chargée, par le ministre des travaux publics, d'étudier sous ses différentes faces la question des eaux de Versailles. Cette commission, composée de M. Poirée, inspecteur général des ponts et chaussées, Mary, inspecteur divisionnaire, et Juncker, inspecteur général des mines, conclut, par l'organe de M. Mary, rapporteur, que le système des eaux blanches devait être maintenu en vue de recueillir les eaux des plateaux existant entre Versailles et Rambouillet, de contribuer ainsi

à les assainir en suppléant à l'insuffisance des écoule-
ments naturels, et surtout pour faciliter le drainage de
ces terrains argileux qui, pendant l'hiver et dans les
saisons humides, restent imprégnés d'eau jusqu'à fleur
du sol.

La conservation de ces étangs ou au moins d'une partie
d'entre eux fut jugée, d'ailleurs, une nécessité pour éviter
les désastres qu'entraînerait leur suppression. En effet,
les lits des ruisseaux, tels que la Bièvre et l'Yvette, ne recevant plus, depuis plus de cent soixante ans, les eaux
fournies à l'époque des pluies d'hiver et des fontes de
neige par les plateaux où elles prennent leurs sources, se
sont réduits en conséquence. Dans Paris surtout, les bords
de la Bièvre se sont garnis d'établissements industriels et
de maisons d'habitation. Que deviendraient ces constructions et leurs habitants si, par la destruction des étangs,
on laissait un libre cours à ces eaux abondantes, et si
l'on faisait renaître ces inondations de la Bièvre, dont le
souvenir n'est pas encore effacé de la mémoire des habitants de ses rives? Et d'ailleurs, quel parti pourrait-on
tirer de tous les terrains occupés par les rigoles, leurs
digues et leurs francs-bords, qu'on ne pourrait cultiver
qu'après avoir dépensé, pour niveler le sol, beaucoup plus
qu'ils ne vaudraient après cette opération?

A ces considérations, déjà si puissantes pour motiver la
conservation des étangs, viennent s'en joindre d'autres
qui ne sont guère moins importantes. Ainsi ces récep-
tacles, où viennent aboutir les eaux d'orage et de fonte
des neiges, et où elles restent en approvisionnement, servent, dans certaines années, à assainir la vallée de la
Bièvre, en y versant tout à coup un volume d'eau assez
abondant pour remplacer dans le lit de cette rivière les
eaux naturelles, infectées par les déjections des buande-

ries, des tanneries et des autres établissements existant sur ses bords.

D'ailleurs, le service des étangs n'avait jamais été régularisé ; mais, maintenant qu'on connaît parfaitement les ressources de l'approvisionnement et les besoins de la consommation de Versailles, surtout après la création des belles machines de Marly, on pourra faire servir ces approvisionnements d'eau à un assainissement vivement désiré par les Conseils de la Seine et de Seine-et-Oise. Tout se réunissait donc pour conseiller le maintien du double système d'alimentation auquel Versailles doit de n'avoir jamais entièrement manqué d'eau. Ajoutons que, sur ces différents points, la commission était complétement d'accord avec M. Séguy, directeur du service des eaux de Versailles, Marly, Meudon et Saint-Cloud, dont l'expérience et les lumières ne pouvaient manquer d'être d'un grand poids en pareille matière.

L'utilisation de la force hydraulique de Marly étant décidée, il restait à combiner les moyens d'élever d'un seul jet les eaux de la Seine à 160 mètres de hauteur verticale, en utilisant provisoirement les tuyaux posés anciennement pour la machine à vapeur. Or il n'y avait que des pompes foulantes capables de fonctionner dans de telles conditions, c'est-à-dire sous une pression de 15 à 16 atmosphères ; encore fallait-il ne leur imprimer qu'une vitesse faible et sensiblement uniforme pour éviter les coups de bélier.

Quant à la nature des moteurs hydrauliques à employer, on avait à opter entre les turbines et les roues de côté à palettes.

Des projets étudiés depuis longtemps dans l'une et l'autre de ces hypothèses, par M. Dufrayer, ingénieur de la machine, inspecteur des eaux et domaines de la Couronne, ne laissaient que l'embarras du choix. Les deux moteurs dont nous venons de parler présentent, en effet, des avantages et des inconvénients qui doivent faire donner la préférence aux uns ou aux autres, suivant les circonstances.

Les turbines, dont la construction est aujourd'hui très-perfectionnée, s'appliquent principalement aux grandes chutes et aux chutes moyennes, et à des volumes d'eau peu considérables, condition qui n'existe pas à Marly. Pour produire leur maximum d'effet, elles ont besoin de marcher avec une certaine vitesse, qui dépasse beaucoup, dans tous les cas, la vitesse qu'il était prudent de ne pas outre-passer pour les pompes de Marly.

Dans les conditions qui leur sont favorables, les turbines produisent un plus grand effet utile que les roues de côté; elles peuvent marcher dans des circonstances où les roues verticales sont arrêtées, c'est-à-dire par des hauteurs d'eau pour lesquelles les roues sont noyées, et encore lorsque la rivière charrie des glaçons.

Les roues de côté ont l'avantage de ne prendre que la vitesse convenable pour faire fonctionner les pompes; elles n'exigent pas, comme les turbines, l'interposition d'engrenages, qui occasionnent toujours des pertes notables de force et exigent des dépenses assez fortes d'établissement et d'entretien. En outre, les roues sont d'une construction plus facile et d'un entretien très-simple et peu coûteux. Les avantages que les turbines présentent sur les roues verticales étaient illusoires dans les conditions spéciales où l'on se trouvait placé. Une longue expérience faite à la machine de Marly a prouvé que les roues de côté ne chôment en moyenne que pendant deux mois de l'année et que le chômage total n'a jamais atteint trois mois. En admettant que les turbines eussent chômé encore moins, on pouvait craindre que, pendant les jours de marche où les roues auraient été arrêtées, les turbines n'eussent produit un effet insignifiant.

Au résumé, les conditions où l'on se trouvait étaient éminemment défavorables aux turbines. Il était même permis de douter que, dans les circonstances les plus propices, c'est-à-dire par les eaux moyennes, les turbines, avec la faible vitesse de rotation qu'on pouvait leur imprimer, eussent débité l'énorme volume d'eau fourni par la chute. Ces différentes considérations, mises en lumière par M. Regnault, membre de l'Institut, appelé à donner son avis sur cette question, ne pouvaient laisser de doute sur l'avantage qu'il y avait à recourir aux roues de côté, plus en rapport avec la nature des vitesses que l'on avait à produire.

Mais il devenait urgent de se mettre à l'œuvre, car la petite machine provisoire, construite en 1817 sur les restes de l'ancienne machine de Marly, ainsi que tout le vieux barrage en bois, étaient parvenus à un état de vétusté tel, qu'en 1854 il fallait abandonner ce petit établissement et songer à le remplacer. L'administration de la Liste civile arrêta alors, en toute connaissance de cause, qu'elle exécuterait un des projets présentés par M. Dufrayer. Quant au nouveau barrage à construire, qui intéressait de la manière la plus directe le service de la navigation sur le bras de la dérivation de Bougival, il fut convenu avec l'État que, moyennant 50,000 francs donnés par la Liste civile, le service de la navigation construirait, à ses frais et suivant les projets de la nouvelle machine, tout le barrage, depuis les fondations jusqu'aux voûtes ; ces dernières, le bâtiment et tout le mécanisme, restant à la charge de la Liste civile.

Les ingénieurs de la navigation commencèrent leurs

travaux dans le mois de juin 1855. Les deux dernières roues qui faisaient encore fonctionner la petite machine provisoire furent définitivement arrêtées le 28 juillet de la même année, et la démolition commença. Ainsi disparurent, sans bruit, les derniers vestiges de l'ancienne machine de Marly.

Les campagnes de 1855, 1856 et 1857 furent nécessaires pour élever le barrage à la hauteur du sol des machines. Dans les premiers jours de juillet 1857, l'administration de la Liste civile, après avoir appelé les principaux constructeurs de l'époque, adjugea à la maison Feray, d'Essonnes, et à MM. Boigues, Rambourg et Cie, de Fourchambault, les nouvelles machines à construire. Le premier appareil fut livré vers le mois de juin 1859. Le résultat de deux essais tentés immédiatement indiqua diverses modifications pratiques qui furent terminées le 31 septembre. Alors eut lieu un troisième essai dont la réussite ne laissa rien à désirer : l'eau arriva en abondance sur la grande tour de l'aqueduc de Marly, construit par le célèbre Mansart. Les roues continuèrent à marcher sans interruption jusqu'au 13 mars 1859. Elles furent arrêtées pour l'addition de réservoirs d'air jugés nécessaires, et pour la jonction des tuyaux ascensionnels qui forment aujourd'hui l'amorce de la grosse conduite devenue indispensable au complément de l'établissement. Ces derniers travaux furent achevés le 8 juin 1859. Remises immédiatement en marche, les roues donnèrent l'eau sur le sommet de l'aqueduc, et, à partir de ce moment, elles ont fonctionné jour et nuit. Bientôt aux deux roues mises en place on en ajouta une troisième, et toutes ensemble n'ont pas cessé de marcher avec la plus parfaite régularité.

Le nouvel établissement se compose donc aujourd'hui

de trois roues à palettes (il peut en contenir *six*) connues généralement sous le nom de *roues de côté*, et qui prennent l'eau aux deux tiers de la chute. Les roues sont en fer forgé ; les palettes seules sont en bois (essence d'orme). L'arbre, aussi en fer forgé et de $0^m,40$ de diamètre, est garni, à ses extrémités, de deux manivelles de même métal placées à angle droit, et aux mannetons desquelles se trouvent attachées les bielles de deux pompes placées horizontalement et directement opposées. Chaque roue mène donc quatre pompes, soit douze pour les trois roues qui existent en ce moment. Ces pompes sont aspirantes et foulantes et à piston plongeur. L'aspiration se fait par de petites galeries ménagées dans l'épaisseur des maçonneries et fermées aux deux extrémités au moyen de vannes dont le jeu permet de prendre l'eau d'amont, qui est ainsi toujours abondante, calme et décantée. L'eau, alternativement aspirée et refoulée par les pompes, est dirigée dans deux conduites latérales qui vont se réunir dans la montagne pour se rendre sur l'aqueduc de Marly. Les roues ont 12 mètres de diamètre ; la longueur des manivelles est de $0^m,80$, la course des pistons de $1^m,60$ et leur diamètre de $0^m,38$. Les roues ont été calculées pour marcher à trois tours par minute. Mais les conduites qui existent actuellement étant trop petites, elles ne peuvent marcher qu'à deux tours et demi. A cette vitesse elles montent d'un seul jet 6 à 7,000 mètres cubes d'eau par vingt-quatre heures, soit 69 à 81 litres par seconde, à 160 mètres de hauteur verticale, sur un parcours de 1,500 mètres de tuyaux. En dehors des travaux des mines, c'est la plus grande élévation d'eau d'un seul jet que l'on connaisse. L'eau montée sur l'aqueduc se rend dans les réservoirs des Deux-Portes pour être dirigée de là sur Versailles et Saint-Cloud.

La quantité d'eau fournie depuis le 9 juin 1859 a été tellement abondante et régulière qu'elle a pu suffire non-seulement à l'alimentation de Saint-Cloud et de Versailles, mais encore au jeu des grandes eaux du parc de Versailles, qui eut lieu une première fois le dimanche 9 octobre 1859. Une circonstance à noter, c'est que jamais, depuis leur création, les eaux de Versailles n'avaient joué avec de l'eau de Seine, car elles avaient toujours été alimentées précédemment avec les eaux blanches contenues dans les étangs qui dominent la ville, et qui, à sec depuis deux années, manquaient complétement à leur destination. A deux autres reprises, avant l'impression de cette notice, les eaux de Versailles ont encore joué avec l'eau montée et refoulée par les formidables pistons de la machine de Marly.

Le nouveau mécanisme que nous venons de décrire est surtout remarquable par sa simplicité et par l'ensemble des mouvements dont la puissance est directement appliquée à la résidence qu'il s'agit de vaincre. Il fait le plus grand honneur à l'administration de la Liste civile qui en a ordonné les études, comme à M. Dufrayer qui en a fourni le projet et dirigé l'exécution. Il est renfermé dans un bâtiment en pierre et briques, heureusement approprié à sa destination. La charpente, d'une élégante hardiesse, est en tôle de fer; la couverture en zinc cannelé.

Le calme, le silence on pourrait dire, qui règne à l'intérieur et à l'extérieur de l'établissement actuel, ne rappelle en rien l'ancienne machine de Marly, de bruyante mémoire, et dont les immenses mouvements ainsi que l'espace qu'elle occupait frappaient beaucoup plus les yeux et l'imagination qu'elle ne faisait de besogne. La machine actuelle, au contraire, devra sa réputation à son extrême simplicité et à l'énorme quantité d'eau qu'elle peut produire. Cette eau, répandue dans Versailles, Saint-Cloud et les localités environnantes, privés jusqu'à présent de cet aliment indispensable de la vie, perpétuera le souvenir de l'incessante sollicitude de l'Empereur pour tout ce qui intéresse le bien-être des populations. La nouvelle machine de Marly est une grande et utile création à ajouter à celles, si nombreuses déjà, qui marquent le règne de Napoléon III.

PARIS. — IMPRIMERIE DE Mme Ve BOUCHARD-HUZARD, RUE DE L'ÉPERON, 5.

RED. :

18

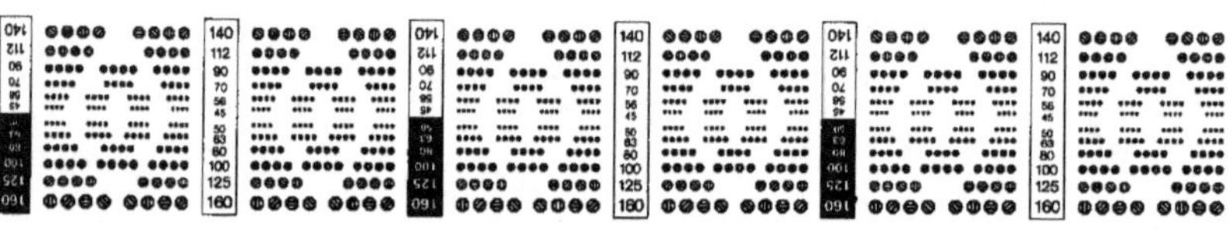

379.89.70
graphicom

0 1 2 3 4 5 6 7 8 9 10

MIRE ISO N° 1
NF Z 43-007
AFNOR
Cedex 7 - 92080 PARIS-LA-DÉFENSE

BIBLIOTHEQUE

NATIONALE

DE FRANCE

***

CHATEAU

DE

SABLE

1994